Johann Sebastian

BACH

DISCARD

CANTATA NO. 40
DAZU IST ERSCHIENEN DER SOHN GOTTES

(BWV 40)

For Soli, Chorus and Orchestra
With German Text
and English Text in Preface

D1304027

CHORAL SCORE

K 09319

Cantata 40
(1723)
Libretto perhaps by Bach
Christmas Monday

Epistle, The Acts VI, 8-15, VII, 55-60.
Martyrdom of St. Stephen.
St. Matthew XXIII, 34-39. O Jerusalem
that killest the prophets.
Gospel, St. Luke II, 15-20. The shepherds
come to the manger.

(2 Horns, 2 Oboes, and Strings.)

1. Chorus (Instr. as above) 4/4 (F)

I John III, 8:
"He that committeth sin is of the devil;
for the devil sinneth from the beginning. For
this purpose the Son of God was manifested,
that he might destroy the works of the devil."

Dar- zu (ist (er-schie-nen)
For this there was sent us

der Sohn Got- tes,
Christ the Sa- viour,

dass er (die Wer- ke des Teu-fels)
 to see the works of the fiend and
           the works of the De- vil

zer- stö- re).
de- stroy them.

....

2. Recitativo Tenor

St. John I, 14:
"And the Word was made Flesh and dwelt
among us (and we beheld his glory as of the
only begotten son of the Father) full of
grace and truth."'

Das Wort ward Fleisch   und woh- net in der
The Word was flesh   and dwelt up-on the

Welt,
earth,

das Licht der Welt   be-strahlt den Kreis
the light there- of em- blaz- oned Earth's

der Er- den,
cir-cum-f'rence.

der gro-sse Got-tes-sohn
the migh-ty Son of God

ver-lässt des Him- mels Thron,
the paths of Earth has trod,

und sei- ner Ma- je-stät ge- fällt,
He left His high ma- jes-tic throne

ein klei- nes Men-schen-kind zu wer-den.
and chose to be   a   lov-ly mor-tal.

Be-denkt doch die- sen Tausch,
Ob-serve you this ex-change,

wer nur ge-den-ken kann;.
and weigh it he who can;

der Kö- nig wird ein Un- ter- tan,
the King be-came a ser-ving man,

der Herr   er-schei- net als ein Knecht
the Lord ap-peared a vas-sal base,
     See Philippians II, 7.
und wird dem mensch-li- chen Ge-schlecht,
mere mem-ber of the hu- man race!

O sü- sses Wort in al- ler Oh- ren!
O joy-ful news to ev'-ry na-tion!

zu Trost und Heil ge- bo- ren.
He came for our sal-va-tion.

....

3. Chorale (Wir Christenleut) 4/4 (g)
   (Cor. I, Ob. I, Vn. I with Sop.; Ob. II,
   Vn. II with Alto; Va. with Tenor.)

Die Sünd macht Leid; die Sünd macht Leid,
Sin brings but grief, sin brings but grief;

Chri-stus bringt Freud
but true be- lief,

weil er zu Trost   in die-se Welt
be- lief in Christ, brings joy and sure

ge- kom- men.
sal-va- tion.

Mit uns ist Gott nun in der Not:
When God is near we need not fear;

wer ist, der uns als Chri-sten kann
no Chris-tian soul need ev- er fear

ver-dam- men?
dam-na- tion.

....

4. Aria Bass (Ob. I & II, & Strings) 3/8 (d)

Höl- li-sche Schlan-ge, wird dir nicht ban- ge?
Ser-pent be- nigh-ted,   art not af- frigh-ted?

Cantata 40

Der dir den Kopf als ein Sie- ger
He who, vic- to- ri- ous, hacked off

    zer- knickt,
    thy head,

ist nun ge- boren, und die ver- lo- ren,
now is ap-pearing; they who were fear-ing,

wer- den (mit e- wi- gem Frie- den
find them e- ter-nal sal- va- tion

    be-glückt).
    in- stead.

  bars 102-103:
die wer- den
will find them

....

5. <u>Recitativo Alto</u> (Strings)

Die Schlan- ge so im Pa-ra-dies
The ser- pent who in Pa-ra-dise

auf al- le A- dams-kin-der
em- plan-ted there the ve-nom

das Gift der See-len fal- len liess,
of vice, in all of A- dam's race,

bringt uns nicht mehr Ge- fahr;
need ne- ver more be feared;

des Wei- bes Samen stellt sich dar,
the seed of wo-man has ap-peared,

der Hei- land ist ins Fleisch ge- kom-men
the Sa-viour vic-to- ry has won Him,

und hat ihr al- len Gift be-nom-men.
and ta-ken all the guilt up-on Him.

Drum sei ge- trost! be-trüb-ter Sün- der.
So com-fort ye! un-hap- py sin-ners.

....

6. <u>Chorale</u> 4/4 (d)
  (Cor. Ob. I, Vn. I with Sop.; Ob. II,
  Vn. II with Alto; Va. with Tenor.)

Schütt-le dei- nen Kopf und sprich:
Shake you now your head and say:

fleuch, du al-te Schlan- ge!
"Ser- pent I ab- hor you!"

was er-neurst du dei- nen Stich,
Gone is now your ven-omed sting,

....

machst mir angst und ban- ge?
noth- ing can re-store you.

  Ist dir doch der Kopf zer-knickt,
Comes the Sa-viour armed to slay,

und ich bin durchs Lei- den
lops off all your bad-ness,

mei- nes Hei- lands dir en-trückt
takes me with Him far a- way

in den Saal der Freu- den.
to the Hall of Glad-ness.

....

7. <u>Aria Tenor</u> (Cor. I & II, Ob. I & II) 12/8 (F)

Chri-sten- kin- der, (freu- et euch!)
Chri-stian bro-thers, joy-ful be,

wü-tet schon das Höl- len-reich,
ra-ges Hell though migh- ti- ly,

will euch Sa- tans Grimm er-<u>schre</u>- cken:
Sa- tan's roar-ing need not fright you:

Je-sus, der er-ret-ten kann,
Je-sus will de-li- ver you;

nimmt sich sei-ner Küch-lein an
all your e- ne- mies sub-due,

und will sie mit Flü- geln de- cken.
and with Him in Heav'n u- nite you.
    See St. Matthew XXIII, 37.
....

8. <u>Chorale</u> (Instr. as in No. 3) 4/4 (f)

Je- su nimm dich dei- ner Glie-der
Je-sus let Thou Thine el- èct- ed

fer- ner in Ge- na-den an;
fur-ther in Thy fa-vor share;

schen- ke, was man bit- ten kann,
hear them now and grant their prayer,

  zu er- qui-cken dei-ne Brü- der:
quick-en those who are de-ject- ed;

gib der gan- zen Chri- sten- schar
give Thy folk all ga- thered here

Frie- den und ein sel-ges Jahr!
peace and joy this com-ing year!

Freu- de, Freu- de ü- ber Freu- de!
Joy-ful, joy-ful dawns the mor-row!

Cantata 40

Chri- stus weh- ret al- lem Lei- de.
Christ has ban-ished ev'-ry sor-row;

Won- ne, Won- ne, ü- ber Won- ne!
rap-ture, rap-ture, ev-er near-ing,

er ist die Ge- na- den-son- ne.
see the Sun of Grace ap-pear-ing.

....

kt.

Cantate

am zweiten Weihnachtsfesttage

„Dazu ist erschienen der Sohn Gottes".

(Coro.)
(Tempo ordinario ♩ = 72.)

Pianoforte.

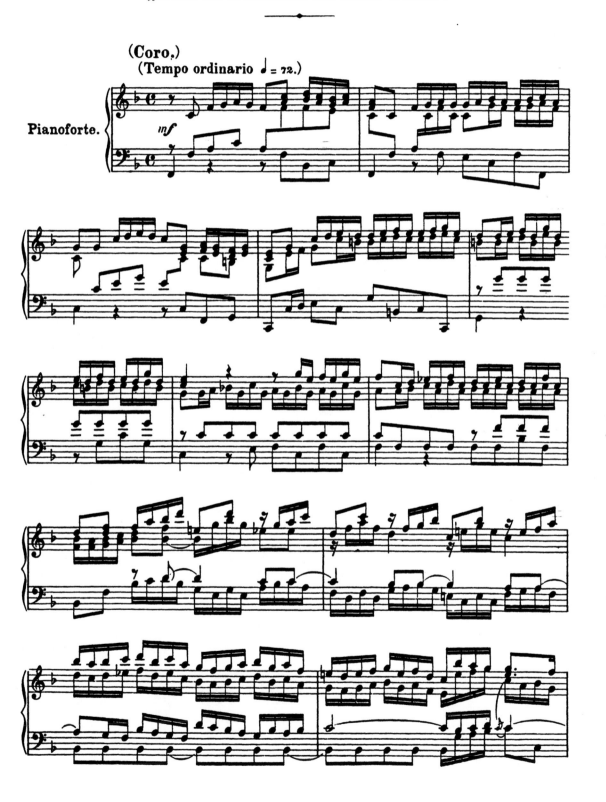

5

6

sohn ver_lässt des Him_mels Thron, und sei _ ner Ma_je_stät ge_fällt, ein

klei_nes Men_schen_kind zu wer_den. Be_denkt doch die_sen

Tausch, wer nur ge_den_ken kann: Der Kö_nig wird ein Un_ter_

than, der Herr er_schei_net als ein Knecht und wird dem menschlichen Ge_

schlecht,_o sü_sses Wort in Al_ler Oh_ren!_ zum Trost und Heil ge_bo_ren.

Choral. (Mel: „Wir Christenleut!")

höl - lische Schlange, höl - lische Schlange, wird dir nicht ban-ge,

wird dir nicht bange, wird dir nicht ban - ge, höl - li - sche Schlange?

Der dir den Kopf als ein Sie-ger zer - knickt,

der dir den Kopf als ein Sie-ger zer - knickt, ist nun ge - bo-ren,

werden mit e - wi - gem Frie - den be - glückt, mit e - - - -

- - - - wi - gem Frie - - - den, die wer - den mit e - wi - gem

Frie - den be - glückt.

Recitativo. (♩ = 60.)
Alto.

Die Schlange, so im Pa _ radies auf al _ le Adams _

kin _ der das Gift der See _ len fal _ len liess, bringt uns nicht mehr Ge _

fahr; des Wei _ bes Samen stellt sich dar, der Hei _ land ist ins Fleisch ge _

kommen und hat ihr al _ les Gift be _ nommen. Drum sei ge _

trost! be _ trüb _ _ _ _ ter Sün _ der.

Choral. (Mel: „Schwing' dich auf zu deinem Gott.")

Schütt_le deinen Kopf und sprich: fleuch, du al_te_ Schlan_ge! was erneu'rst du

Schütt_le deinen Kopf und sprich: fleuch, du al_te_ Schlan_ge! was erneu'rst du

Schütt_le deinen Kopf und sprich: fleuch, du al_te Schlan_ge! was erneu'rst du

Schütt_le deinen Kopf und sprich: fleuch, du al_te Schlan_ge! was erneu'rst du

deinen Stich, machst mir angst und ban_ge? Ist dir doch der Kopf zer_knickt,

deinen Stich, machst mir angst und ban_ge? Ist dir doch der Kopf zer_knickt,

dei_nen Stich, machst mir angst und ban_ge? Ist dir doch der Kopf__zerknickt,

dei_nen Stich, machst mir angst und ban_ge? Ist dir doch der Kopf zer_knickt,

und ich bin durchs Lei_den meines Hei_lands dir entrückt in den Saal der Freu_den.

und ich bin durchs Lei_den meines Hei_lands dir entrückt in den Saal der_ Freu_den.

und ich bin durchs Lei_den meines Heilands dir entrückt in den Saal der_ Freu_den.

und ich bin durchs Lei_den meines Hei_lands dir entrückt in den Saal der_ Freu_den.

20

euch, Chri_sten_kin_der,____ freu _____

_____ et, freu __ et ___

euch!

Wü ___ thet schon das Höl_len

Wü -

_ thet schon das Höllen _ reich, will_ euch Sa _ tan's Grimm er -

schrek _ _ _ _ _ _ _ ken: Je_sus, der er_ret _ ten

kann,_____ nimmt sich sei _ ner Küch_lein an_____ und will sie mit Flü _ geln

dek _ _ _ _ _ _ _ ken. Chri_sten_kin_der, freu _ et

euch, freu _ _ _ _ _ _ et euch!

Christen_kin _ der, freu _ et euch, freu _ et euch, freu _ _

_ _ _ _ _ _ _ _ _ _ _ _ _ _ _ _ et_

Choral. (Mel: „Freuet euch, ihr Christen alle.")

Soprano.

Jesu, nimm dich deiner Glieder ferner in Genaden an; schenke, was man

Alto.

Jesu, nimm dich deiner Glieder ferner in Genaden an; schenke, was man

Tenore.

Jesu, nimm dich deiner Glieder ferner in Genaden an; schenke, was man

Basso.

Jesu, nimm dich deiner Glieder ferner in Genaden an; schenke, was man

et, freu_et_ euch!

bit_ten kann, zu er_quik_ken dei_ne Brü_der: gieb der ganzen Christenschar

bit_ten kann, zu er_quik_ken dei_ne Brü_der: gieb der ganzen Chri_stenschar

bit_ten kann, zu_ er_quik_ken dei_ne Brü_der: gieb der ganzen Chri_stenschar

bit_ten kann, zu_er_quik_ken dei_ne_Brü_der: gieb der ganzen Christenschar

Frie_den und ein sel'ges Jahr! Freu_de, Freu_de ü_ber Freu_de! Chri_stus weh_ret

Frie_den und ein sel'ges Jahr! Freu_de, Freu_de ü_ber Freu_de! Chri_stus wehr_

Frie_den und ein sel'_ges Jahr! Freu_de, Freu_de ü_ber Freu_de! Chri_stus weh_ret

Frie_den und ein sel'_ges Jahr! Freu_de, Freu_de_ ü_ber Freu_de! Christus weh_ret

al _ lem Lei_de. Won_ne, Won_ne ü_ber Won_ne! er ist die Ge _ nadensonne.

al_lem Lei_de. Won_ne, Won_ne ü_ber Won_ne! er_ ist die Ge _ nadensonne.

al _ lem Lei_de. Won_ne, Won_ne ü_ber Won_ne! er ist die Ge _ nadensonne.

al _ lem Lei_de. Won_ne, Won_ne_ ü_ber Won_ne! er_ ist die Ge _ nadensonne.